Publications du Groupe Auguste Comte. — III.

Georges DEHERME

L'Idéologie délétère

Les Superstitions matérialistes

Ordre et Progrès

PARIS
6, Boulevard de la Madeleine (IXe)

Le régime matérialiste de la prétendue propriété littéraire a généralisé la simonie, la prostitution de l'esprit.

En asservissant l'intelligence à l'argent et au nombre, ce régime a été un des facteurs de notre anarchie mentale et morale.

Parce qu'il se propose la régénération des opinions et des mœurs, le *Groupe Auguste Comte* ne connaît donc pas les « droits d'auteur », non plus qu'aucun autre « droit », hormis celui de faire son devoir. En conséquence, il autorise sans condition, il sollicite même la reproduction de tout ce qu'il publiera.

Publications du Groupe Auguste Comte. — III

GEORGES DEHERME

L'Idéologie délétère

LES SUPERSTITIONS MATÉRIALISTES

Prix : 0 fr. 75

PARIS
6, Boulevard de la Madeleine (IX°)
—
1919

L'Idéologie délétère

LES SUPERSTITIONS MATÉRIALISTES

. I. — Les péchés d'esprit.

Quelques idées fondamentales et directrices animent la société, la civilisation, l'ensemble des êtres convergents qu'est l'Humanité. Entendons des idées organiques, qui règlent les volontés, inspirent les pensées, déterminent les concours, — non du verbiage.

Il y a aussi, discernons-le, une idéologie délétère.

Celle-ci gagne ce que l'autre perd. Et c'est parce qu'elle a gagné de plus en plus sur le bon sens positif que l'atroce carnage a pu ensanglanter l'Europe pendant cinquante et un mois. Le « militarisme » et la « méchanceté des gouvernants » ne sont que les boucs émissaires de nos péchés d'esprit.

Disons-le. La volonté endurcie du mal pour le mal est extrêmement rare. Pour notre part, nous n'en avons jamais rencontré qu'un exemplaire. C'était d'ailleurs un poète sentimental et un humanitaire professionnel.

II. — L'anarchie spirituelle et la guerre.

La cause efficiente de cette guerre abominable, c'est l'anarchie morale dans laquelle le monde se débat; son principal fauteur, c'est l'individualisme révolutionnaire. On ne peut imputer aux empires centraux — et cela les marque pour la flétrissure indélébile de l'histoire — que le fourbe de leur politique, l'ignoble et féroce sauvagerie de leur soldatesque, leur cruauté implacable envers les vaincus, leur ignominieuse lâcheté dans le revers.

C'est une erreur extrêmement dangereuse de croire que le kaiser, et les empires centraux ont voulu la guerre pour la guerre, parce que c'est admettre qu'un phénomène aussi constant dépend des caprices humains et que, grâce à la « démocratie sociale » allemande, la paix universelle va pouvoir s'établir définitivement sans que nous ayons à en réaliser les conditions morales.

La vérité, c'est que toute guerre est une réaction vitale de l'organisme social contre l'intoxication des faux principes, la corruption dissolvante, le désordre destructeur. Ne pas reconnaître ce qui la rend inéluctable, ne pas se préparer à la soutenir au moment le plus favorable, ne pas prendre toutes ses sûretés, ce n'est pas duper la fatalité, ce n'est pas abolir la guerre : c'est risquer la défaite.

Les révolutions — quand elles ne sont pas l'agonie d'un peuple — font toujours succéder au Robespierre de la guillotine le Robespierre du canon ; au terroriste, le conquérant.

La guerre est une fièvre. Mais, dans les maladies graves, la fièvre est une défense de l'organisme qu'il faut se garder de combattre directement. Ce n'est pas, comme nos pacifistes ingénus, à l'effet qu'il faut s'en prendre, mais à la cause morbide.

III. — La tâche pressante de l'élite.

La splendide, la miraculeuse victoire dont nous nous réjouissons n'aura fait que retarder la catastrophe qui menace la civilisation occidentale si elle n'inaugure pas une ère reconstitutive. Et d'abord pour le spirituel. Quelque profonde que doive être cette réforme intellectuelle et morale, elle sera possible si l'élite française s'y applique congrûment.

Le désastre de 1870-71, l'invasion de 1914, la déliquescence de la Russie et même la défaite finale des Boches décèlent à la fois la fausse idéologie dont les peuples meurent et les principes qui les raniment.

A l'heure présente, décisive de notre destin, grosse de tout l'avenir humain de chaos ou de lumière, il n'est pas de tâche plus pressante, plus utile, plus organique, plus sympathique, plus positive donc, que de s'efforcer ardemment et méthodiquement, de tout son cœur et de toute son intelligence, à régénérer les opinions et les mœurs.

IV. — Les vaines agitations.

Certes, nous ne manquons point de comités, de ligues, de journaux, d'œuvres de toutes sortes. La bonne volonté est évidente. Il ne reste qu'à l'éclairer.

Beaucoup de braves gens ont aperçu l'abîme où nous nous laissions glisser. Ils voudraient bien que nous remontions la pente escarpée; mais, pour cela, ils nous proposent des patins à roulettes de leur invention. Ils s'acharnent à restaurer la façade du manoir à l'envers qu'est devenue la société française avec les préjugés qui effritent. Il conviendrait d'abord de remettre la bâtisse à l'endroit. Aucun ne s'en avise. Quand ils ont pu accrocher une enseigne de leur goût, ils croient avoir transformé le monde. Ils imaginent que c'est une question de doses et de dispositions et que le vitriol devient un nectar tonifiant s'il est servi — dûment sacchariné — dans un verre de leur fabrication.

Prédications éloquentes, perfectionnement des patins à roulettes, revision de la Constitution, confection d'étiquettes mirifiques, réformes électorales, merveilleux procédés pour édulcorer le vitriol : autant d'agitations, parfois nocives, vaines toujours. Mais c'est ainsi, il est vrai, qu'on rassemble les badauds avec des phrases, sur des mots, pour des paroles. Au surplus, les « réformateurs » amateurs s'en grisent, les politiciens en vivent et la France en crève.

V. — L'action utile.

L'anarchie n'a passé dans les actes qu'après avoir atteint, à travers l'intelligence, les sentiments. La source est donc intellectuelle et morale.

Chaque civilisation est née et vit d'une religion, c'est-à-dire une synthèse subjective qui rallie, relie, règle, dirige, exalte. Le corps ne fait que l'animal. C'est l'âme qui fait l'homme. En 1879, Renan recommandait à l'élite de se défier « d'une *kultur* qui ne rend l'homme ni plus aimable ni meilleur ». Parce que toute société, essentiellement, est une spiritualité, toute maladie sociale est de l'âme. C'est là qu'il convient d'appliquer le traitement. Et cela est moins facile, évidemment, que d'écrire des projets de lois et d'élaborer des statuts pour la Société des nations.

VI. — Du progrès par la soumission.

L'origine de l'anarchie qui s'universalise remonte très loin, peut-être même à la décadence des antiques théocraties.

Dès lors, en effet, l'ordre social ne paraît plus invariable. L'unique frein est brisé que nécessite, d'après A. Comte, « notre tendance spontanée à former nos opinions d'après les espérances ou les craintes résultées de nos désirs ».

Aux castes est substitué ainsi le funeste choix du supérieur par l'inférieur que notre suffrage universel, logiquement, a développé jusqu'à l'absurde.

Les castes, au fond, ne sont pas si odieuses que le grossier préjugé égalitaire nous le fait croire. La féodalité spirituelle qu'institua le brahmanisme dans l'Inde avait ses beaux côtés. C'était, écrit le Japonais Okakura (Kakuzo), « la culture absolue fondée sur une extrême simplicité de vie ».

Évidemment, il n'est rien qui puisse autant scandaliser nos intellectuels mercenaires que d'apprendre qu'un brahmane peut être, est souvent à la fois le plus humble, le plus pauvre des paysans et un très haut seigneur du savoir et de l'intelligence. « L'esprit révolutionnaire de l'Occident, a dit Pierre Laffitte, confond trop la soumission volontaire, émanée d'une réelle vénération, avec une soumission absolue. Le type de la dignité humaine ne consiste pas, comme le pensent ces docteurs, à ne se soumettre qu'à la force. » Comme l'a marqué Auguste Comte, l'égocentrisme entraîne cette déchéance : « Tous voulant aujourd'hui commander, et pouvant souvent espérer d'y parvenir, chacun n'obéit ordinairement qu'à la force, sans céder presque jamais par raison ou par amour. »

Ce n'est pas qu'il faille revenir à la théocratie et au régime des castes pour établir l'ordre parfait. Il n'y a pas d'ordre parfait, non plus que de pouvoirs sans abus. Le catholicisme a su réaliser, au moyen âge, en faisant sa part à l'indépendance, une société d'une ordonnance admirable. En élargissant encore cette part, en étendant encore l'influence spirituelle, le positivisme assurera plus complètement et définitivement l'ordre humain que, loin de perturber, doit développer le vrai progrès.

Les lois sociologiques ont assez de rigueur pour nous permettre de reconnaître en quoi les rapports et la filiation des phénomènes sont invariables et en quoi la société — tout en échappant à nos votes, à nos désirs personnels, à nos caprices — est modifiable dans l'intensité et la vitesse de son évolution normale.

VII. — La sédition régressive.

En ruinant la féodalité, en remplaçant peu à peu la coutume vivante par le rigide droit romain, les légistes avaient creusé le lit torrentueux de la Renaissance, de la Réforme, de la Révolution, de toutes les négations, de toutes les divagations et de tous les tumultes.

Ces grandes crises auraient-elles pu être évitées, à tout le moins contenues, atténuées? Eurent-elles leur utilité? Nous ne sommes certains que des résultats fâcheux que nous subissons. Finalement, pour une réelle renaissance?— C'est notre espoir. Il n'en reste pas moins que les risques furent énormes et qu'il eût été préférable de ne les pas courir. Le miracle ne saurait être un régime.

La continuité fut rompue. Très inconsidérément, nous secouâmes « le noble joug du passé ». La métaphysique prétendit à formuler l'absolu par le raisonnement mieux que la naïve foi théologique. Elle ne parvint qu'à divaguer éperdument, à désespérer ou à dégrader les âmes naïves qui avaient besoin de l'au-delà pour se maintenir, à donner l'habitude du sophisme, à couvrir l'obscurcissement de l'intelligence, la vilenie des instincts par de vagues abstractions et l'emphase des mots-entités.

« Droit », « Justice », Liberté », « Égalité », « Souveraineté du peuple », et tant d'autres idoles sonores débridèrent tous les appétits, favorisèrent toutes les séditions et permirent à la raison individuelle, se proclamant infaillible, de tout imaginer; à la conscience, affirmant sa prépotence, de tout excuser.

Là-dessus, courtisant le succès, surgit la gendeletterie qui, en prose et en vers, fit du cœur le despote du cerveau, ce qui était, sinon les atrophier, du moins les détraquer et les dépraver réciproquement.

Dès lors, les mots et les mots tinrent lieu de tout. L'histrion triompha. Le parlementarisme aboutit à la logocratie. Toute pensée et tout sentiment réels furent submergés sous tant de palabres et de littérature.

En fait, chacun ne suivit plus que ses inclinations

les plus impérieuses, qui sont naturellement les plus égoïstes, les plus bestiales. « Faute de motifs extérieurs, remarque A. Comte, l'esprit prononce nécessairement d'après les impulsions intérieures.»

Ainsi se « libéra » l'individu de tout lien humain. Mais ce fut seulement pour s'asservir physiquement aux choses.

VIII. — La continuité.

C'est que l'individu, qui ne saurait se définir, n'est qu'une abstraction. Il ne se détache du social que pour s'absorber dans le biologique et même le physique.

Si, dans son inspiration théorique, la Déclaration des droits de l'homme est la Somme des erreurs, elle est, dans ses conséquences pratiques, la plus formidable mystification de tous les temps.

C'est la manifestation d'un délire collectif. Car rompre délibérément toute continuité, et même toute solidarité, pour affirmer la seule existence de ce qui n'existe que par ce qu'on nie, s'écarter du sillon sacré que la nature sociale nous a tracé, que les ancêtres ont docilement suivi, c'est, proprement *dé-lirer*.

On ne conçoit bien l'avenir que par le passé. Le progrès n'est jamais qu'un développement de l'ordre réalisé déjà.

Voilà ce que l'infatuation métaphysique, et donc révolutionnaire, qui implique la monstrueuse croyance à l'infaillibilité de la raison individuelle, ne saurait admettre.

En faisant table rase de l'expérience séculaire, en dédaignant les laborieux acquêts des générations précédentes, nos révolutionnaires se figurent qu'ils avancent. De tous, a prononcé A. Comte, « ils sont les plus rétrogrades sans cesser d'être les plus perturbateurs ». S'ils pouvaient se dégager tout à fait de la tradition, ce serait pour nous ramener aux âges primitifs. Ils y parviennent dans la mesure où ils sont ce qu'ils veulent être. En Russie, les bolcheviks y ont réussi trop bien.

Se refuser à poursuivre dans la même ligne le procès de l'effort humain, c'est revenir au point de départ, avec les mêmes forces. Au moral, le résultat ne peut être que celui qu'obtenait l'anthropopithèque dans sa caverne. Et il en serait de même au matériel si, là, de même, nous refusions d'employer les engins et la technique transmis par nos prédécesseurs.

La loi de constance universelle se confirme par le progrès social comme par l'évolution biologique.

Ce n'est qu'en incorporant ce qui a été que ce qui est peut valoir mieux. C'est en comprenant la pensée de tous les morts que celle des vivants peut être plus étendue. La continuité, qui conserve et transmet, seule est progressive. Toute destruction, toute négation, toute subversion — même inévitables — sont des récurrences sociales. Elles sont anarchiques, en outre, quand elles dissipent la vénération, base de toute discipline efficace.

IX. — La solidarité.

Quoique d'importance moindre, la solidarité a
été aussi furieusement attaquée que la continuité.

Le Code civil, notre législation se sont
acharnés à disperser les groupes organiques, à
éparpiller les forces sociales, à corroder les
assises fondamentales des institutions séculaires.

Les économistes, doctement, rédigèrent le caté-
chisme de la plus extravagante, de la plus funeste
idole que l'aberration fétichiste ait inventée :
l'argent. Croyant s'opposer, les socialistes çoali-
sèrent la misère, l'envie, la haine, non point
contre le dur matérialisme qui écrasait les faibles;
mais, au contraire, pour introniser une idole
jumelle : le nombre. Et l'on eut ainsi l'ochlo-
ploutocratie qui systématisa l'anarchie.

X. — L'individualisme révolutionnaire.

« Le principe révolutionnaire, dit Comte, consiste surtout dans l'absorption du pouvoir spirituel par les forces temporelles, qui ne re-
connaissent d'autre autorité que la raison
individuelle... Tous les partis actuels méritent
ainsi d'être qualifiés d'anarchiques et de rétrogrades, puisqu'ils s'accordent à demander aux lois
les solutions réservées aux mœurs. »

Et cette légifération à outrance n'est, le plus

souvent, qu'une dilapidation des richesses sociales, une destruction (1). Puisque le présent ne prolonge plus le passé et ne s'oblige aucunement envers l'avenir, puisqu'il n'y a plus que le Moi fugace, aucun lien ne se noue. Il ne reste plus qu'une poussière tourbillonnante d'individus.

En France seulement, à chaque minute au moins, un être naît et un être meurt : à chaque minute donc, si la société ne comprend que les vivants, un contrat se signe, un autre se rompt, une société finit, une autre commence. Pour le Code civil, la liquidation est incessante. C'est dire qu'il n'y a plus vraiment de société.

Rien n'existe, rien ne se développe, rien n'est fécond que dans le temps. Ce qui ne fait que passer n'est qu'un fantôme stérile quand ce n'est pas l'ouragan dévastateur.

XI. — Les « droits » dissolvants.

La guerre restitua aux morts leur autorité et resserra les liens de la solidarité civique. C'est ce qui nous sauva. Malheureusement, cette réaction salutaire ne semble pas devoir durer.

Déjà, l'union sacrée n'est plus qu'un souvenir.

---

(1) Nous avons fait remarquer ailleurs que, depuis la Révolution, il a été fabriqué 250.000 lois, décrets et ordonnances On en doit 10.500 au premier Empire, 35.000 à la Restauration, 87.000 à Louis-Philippe, 12 400 à l'éphémère République deuxième, 45.000 au second Empire, enfin 100.000 à la troisième République.

L'allégresse de la victoire paraît moins unifiante que l'angoisse de l'invasion.

Déjà, s'élève la sinistre clameur des plus âpres revendications. Chacun a des « droits » contre tous; mais nul ne se reconnaît de devoirs envers quoi que ce soit. Toute société ne se maintient pourtant que par les devoirs consentis ou imposés.

Sans doute, c'est la raison d'être des journalistes et des politiciens d'inventer, de suggérer et d'exploiter les « droits ». Mais le système économique et politique qui fait de la prostitution intellectuelle, de la corruption publique et de la provocation à l'émeute le plus profitable, le plus glorieux et le plus facile des métiers émane de l'individualisme. Et cette doctrine de néant a pour corollaire pratique l'anarchie même. La Déclaration des droits de l'homme en est la charte. La bande Bonnot en relève comme le bolchevisme; la pornographie vulgaire comme la simonie élégante ou grave; l'escroquerie financière comme le sabotage ouvrier; le vandalisme et la férocité boches comme le pacifisme de félonie, imbécile ou vénal.

Quand on accepte de n'être qu'un passant que rien ne relie plus aux ancêtres ni à la postérité, pourquoi se retiendrait-on de saccager l'héritage sacré? Pourquoi aurait-on le souci de le bien gérer et de l'accroître pour le transmettre? Pourquoi surtout permettrait-on à d'autres d'en jouir plus que soi-même?...

« J'ai droit à... » Tout le droit amphigourique

des légistes et des juristes se résume concrète-
ment, pour moi, en « mon droit ».

C'est la ruée, l'ignoble cohue des appétits, la
« concurrence », disent les économistes, le *struggle
for life*, ajoutent les pédants, la « lutte de classe »,
proclament ces humanitaires de socialistes, — en
bref, la guerre sociale.

Mais les plus forts, à leur tour, ne voient pas
pourquoi, au nom de quoi ils ne prendraient pas
tout ce qu'ils peuvent prendre. C'est la ruse ou la
force qui réalisent les « droits ». Et la ruse, alors,
c'est l'argent; et la force, c'est le nombre. Ainsi,
le conflit s'avive.

Que ce soient les pauvres ou les riches qui
l'emportent, l'issue peut être retardée ou hâtée,
non modifiée. C'est, inéluctablement, l'effondre-
ment d'une civilisation, rongée, sapée dans ses
fondations, qu'aucun devoir, aucun travail social
n'étayent, qu'aucun dévouement ne cimente,
qu'aucun idéal n'anime et qui, vraiment, n'a plus
de base et de but.

XII. — L'égocentrisme suicide.

Se borner à l'instant qui passe, s'enclore en
soi-même, c'est se refuser à l'harmonie de l'acti-
vité, à la santé mentale, à la plénitude rayonnante
du cœur, — et donc au bonheur, qui ne se trouve
que dans l'accord avec l'universel et l'éternel,
dans la sympathie, dans la communion humaine.

L'être désemparé, dissocié ne peut que pour-
chasser avidement le plaisir. Hélas! Le cycle des

sensations est vite parcouru. Après, il ne reste plus que le dégoût et le désespoir. Parfois, il est vrai, l'illusion peut durer jusqu'au terme d'une aussi brève existence. Souvent aussi, elle est renouvelée par les satisfactions de la vanité, de l'ambition, de l'avarice, toutes les bouffonnes chimères de notre égotisme. Ainsi chacun recommence pour soi-même cette tragique expérience.

XIII. — L'avilissante superstition.

Si le bonheur, qui est un épanouissement du cœur, un essor de l'âme, est gratuit, rien n'est plus onéreux que le plaisir.

Il faut de l'argent, et toujours plus. C'est ainsi que la cupidité, chez tous, s'exacerbe.

Cet unique mais puissant mobile arrache les cultivateurs aux champs féconds pour les diriger, enfants, femmes et hommes vers les usines tristes et insalubres ; il leur fait défier la nécrose, le saturnisme, la tuberculose. S'il stimule le génie d'invention, l'audace d'entreprendre, la spéculation, etc., il provoque aussi la prostitution, le crime, la fraude, le paupérisme, la servitude de l'intelligence, toutes les déchéances morales.

Mais ceci ne compte plus devant cela, l'industrialisme effréné.

Ce n'est pourtant que la caricature de la civilisation. Souhaitons que l'avertissement de l'effroyable guerre ait été compris.

Ce n'est pas le perfectionnement matériel qui

constitue la vraie civilisation ; mais la place
qu'occupe l'esprit, l'influence unifiante qu'il
exerce, l'œuvre sociale qu'il inspire.

Avec un canon d'un trop ingénieux mécanisme,
un explosif trop savamment combiné, le poly-
technicien fait sauter, en une seconde, les rosaces
des cathédrales que l'artisan du moyen âge, muni
d'un ciseau et d'un marteau rudimentaires,
patiemment, anonymement, sculptait avec amour.
Qui est le vandale, où est la barbarie ?

XIV. — La démence occidentale.

Écoutons les paroles de la sagesse orientale
qui résiste encore au « désastre blanc ».

Il y a trois quarts de siècle, un Chinois disait
des Européens au marquis d'Hervey-Saint Denis :
« Vous avez un esprit hardi qui doit vous faire
réussir en beaucoup de choses, mais vous n'avez
pas assez de respect pour ce qui mérite d'être
respecté, cette agitation perpétuelle dans laquelle
vous vivez, ce besoin constant de distraction
indiquent clairement que vous ne vous trouvez pas
heureux ». Un autre auteur, J.-F. Davis, rapporte
que « la première chose qui frappe un Chinois
intelligent auquel on explique les effets de nos
machines est celle des maux qui pourraient
fondre sur son pays si ce système, dont il consi-
dérerait l'exportation comme un véritable fléau,
venait à y être inopinément introduit ».

C'est enfin un penseur japonais, récemment
décédé, qui nous invite à plus de modestie (1) :

(1) OKAKURA (KAKKZO) : *Les Idéaux de l'Orient*.

« Il peut sembler naturel à l'esprit des Occidentaux de contempler avec un sentiment de triomphe sans ombre ce monde d'aujourd'hui, dans lequel l'organisation a fait de la société une immense machine, pourvoyant elle-même à ses besoins. C'est le développement rapide des inventions mécaniques qui a créé l'ère présente, celle de la locomotion et de la spéculation, et ce développement se manifeste sous diverses formes de commercialisme et d'industrialisme, accompagnées d'une tendance vers l'occidentalisation universelle de l'étiquette et du langage...

« Pour les Occidentaux, tout cela peut être une raison de réjouissance et il peut leur paraître inconcevable que d'autres en jugent différemment. Et pourtant, la Chine, avec sa douce ironie, considère « la machine » comme un instrument, non comme un idéal. L'Orient vénérable fait encore la distinction entre les moyens et les fins. L'Occident est favorable au progrès, mais où tend le progrès ? Lorsque l'organisation matérielle sera complète, quel but, demande l'Asie, aurez-vous atteint ? Alors que l'amour de la fraternité aura atteint son sommet dans la coopération universelle, quelle cause sert-il ? Si c'est l'intérêt personnel, où trouvons-nous le progrès tant vanté ?

« Le tableau de la gloire occidentale a malheureusement un revers. La dimension seule ne constitue pas la vraie grandeur, et le plaisir du luxe ne mène pas toujours au raffinement. Les individus qui coopèrent à la fabrication de la grande machine de la soi-disant civilisation moderne deviennent les esclaves d'une habitude

*

machinale et sont impitoyablement dominés par le monstre qu'ils ont créé. En dépit de la fameuse liberté de l'Occident, l'individualité véritable y est détruite par la compétition pour la richesse ; le bonheur et la joie y sont sacrifiés à l'insatiable désir de posséder toujours davantage. L'Occident se glorifie de s'être émancipé des superstitions médiévales, mais qu'est donc ce culte idolâtre de la richesse qui les a remplacées? Quelles souffrances et quel mécontentement se trouvent cachés derrière le masque somptueux du présent? La voix du socialisme est une lamentation... »

Les Occidentaux sauront-ils se reprendre? Leur psychopathie n'est-elle pas incurable?

XV. — L'avarice.

Quand — pour quelque motif que ce soit — la jouissance n'est pas la seule fin qui est poursuivie, c'est le moyen du moyen : l'argent.

Le Dante dévouait l'avare aux pires supplices infernaux. Mais le prodigue est peut-être plus coupable encore, quoique parfois plus généreux. Car si ce n'était le plus souvent qu'une niaise thésaurisation au détriment des forces réelles, la ladrerie serait le seul modérateur à la formidable dissipation des richesses naturelles et sociales, lesquelles ne sont nullement inépuisables, — la houille, le fer, par exemple, ou les cathédrales.

Voici bien la plus grotesque, la plus nocive superstition matérialiste que l'égocentrisme ait pu engendrer. A elle uniquement consent à se subordonner, parfois à s'immoler le Moi ; elle seule est indiscutée. « A l'ordinaire, les hommes doutent toujours de leur religion, mais jamais de leur superstition. » (1) Ceux qui ne sacrifient point au culte de Mammona sont exceptionnels et leur non-conformisme fait scandale.

Lorsqu'il n'idiotise pas complètement, le matérialisme égare l'intelligence en lui faisant prendre habituellement, dans ses opérations les plus complexes, le moyen pour le but : et donc, ici, l'or pour la monnaie, la monnaie pour la richesse, la richesse pour la fin de l'existence...

Le métal n'est qu'une représentation grossière de la monnaie. On commence à s'en passer. Sauf en France, — et c'est pourquoi la manie de thésauriser y est plus propagée qu'ailleurs, — on le remplace avantageusement par du papier, un chèque. Mais le papier même est de trop. Une écriture, un virement de compte suffisent. Si cette pratique se généralisait, il en résulterait d'abord que le signe de la richesse ne pourrait plus être pris pour la richesse même et cela contribuerait beaucoup à guérir tant de malheureux de cette hideuse insanité qu'est l'avarice.

Même socialement, les conséquences seraient des plus heureuses. Car l'économie humaine a été détraquée par cette confusion de la monnaie avec la richesse.

---

(1) Houston-Stewart Chamberlain, *la Genèse du xixᵉ siècle*.

XVI. — Le désordre économique.

Ainsi, la production s'est déréglée. Le travail s'est dénaturé, avili, par l'agiotage, la camelote et le sabotage, L'industrialisme qui devait pacifier, en s'exagérant par les impulsions d'une cupidité forcenée, a irrité les antagonismes de nations et de classes.

Pour tous, il ne s'agit plus que de gagner de l'argent, par quoi on est tout, on peut tout. Même contre l'honneur, même contre la patrie.

L'envie haineuse du pauvre, qui menace ce qui reste de civilisation, est la contre-partie logique du faste insolent, de l'égoïsme buté, de la puissance sans régulateur, sans devoir et donc sans raison d'être, du riche.

Un organe qui ne s'exerce plus s'atrophie. Un pouvoir qui n'accomplit plus sa fonction sociale doit disparaître. En ne se reconnaissant plus de devoirs envers la société, la bourgeoisie a abdiqué.

Faudra-t-il donc en venir à la confiscation, à l'expropriation pour cause d'utilité publique ?

Certes, il importerait peu, il serait à souhaiter même que la richesse changeât de détenteurs, si le transfert pouvait s'effectuer sans troubles profonds, sans exaspérer toutes les convoitises, si ceux qui revendiquent aussi rudement cette richesse se proposaient d'en être meilleurs gérants et d'avoir un plus haut sentiment du devoir.

Mais ce n'est pas le cas. Ce ne sont pas des devoirs nouveaux qu'on veut assumer. C'est le

« droit » aux mêmes abus, multipliés, aggravés, qu'on réclame.

Reconnaissons-le. Le prolétariat est aussi dévot de la même superstition, il encense la même déité.

Comme il n'y a que le profit, le dividende qui intéressent le capitaliste, il n'y a plus que le salaire, son taux nominal, qui passionne l'ouvrier. Le même spectre de néant les hallucine. Et c'est la même ombre décevante qu'ils se disputent.

N'ayons pas la naïveté de leur demander si ce qu'ils en peuvent saisir leur fait une vie plus digne, une pensée plus haute, s'ils en ont plus de joie. Ce sont là des réalités que ne sait plus, que ne peut plus même exprimer notre redondante démocratie. Voyons seulement s'ils ont plus de bien-être, s'ils ont celui qu'ils pourraient obtenir, s'ils sont plus riches vraiment.

Mais ne nous laissons pas fasciner par le rutilant étalage d'un luxe d'apparat, les automobiles, les cabarets, les spectacles, les grands magasins, la bousculade des rues...

En fait, il n'y a plus d'épargne sociale, le capital s'éparpille et se dépense, la production et la consommation ne sont plus en rapports. La fabrication d'innombrables articles de bazar, sans utilité, pour le seul gain, en vue de la vente, est un gaspillage de matières premières, de travail et d'âme. La profusion de la monnaie fiduciaire, dont le chiffre total, pour la France, dépassa, en 1918, 30 milliards, a accru considérablement la consommation en paralysant la production. D'autre part, la guerre a détruit le résultat du travail de plusieurs générations. Elle nous a fait sentir la disette. La révolution russe a provoqué une épouvantable famine. Si nous voulons circonscrire cette calamité pour qu'elle n'envahisse pas le monde, avec le bolchevisme, comme la grippe meurtrière, il nous faudra beaucoup de sagesse, une rigoureuse discipline, de la tempérance et de l'énergie.

Ce sera s'émanciper d'un matérialisme tyrannique, abêtissant, pour revenir à la civilisation vraie, où l'esprit, s'il ne gouverne jamais, règne toujours.

XVII. — La démagogie.

Présentement, cette réaction salutaire importe d'autant plus qu'une vicieuse politique, en comprimant les libertés spirituelles, donne licence à toutes les formes d'exploitation de l'ignorance, des préjugés et de l'erreur. Jamais la démagogie ne fut si favorisée. Sans doute, elle serait seulement méprisable si elle restait confinée dans cette basse catégorie des bacheliers sans emploi, des fomentateurs d'émeutes et des gréviculteurs. Malheusement, le système électif incite à une misérable surenchère même ceux qui devraient opposer à toute démagogie — aussi terriblement contagieuse que la peste — le cordon sanitaire d'une doctrine de bon sens et d'ordre.

Tous nos partis se donnent comme pompiers. Mais, au lieu de se réunir pour éteindre l'incendie qui fait rage, ils s'en vont, aux quatre coins de la Cité, allumer d'autres foyers, pour s'assurer chacun le sien sans doute et montrer ainsi quels merveilleux pompiers ils feraient si on leur concédait le monopole du brandon et de la pompe. A ce jeu, la pauvre Cité ne sera bientôt qu'un monceau de cendres; mais il n'y aura plus, errant à travers les ruines fumantes, que des sapeurs-pompiers faméliques, — et tous colonels, il va sans dire.

Ainsi surgissent de toutes parts les propositions ignifères les plus saugrenues. On prodigue d'autant plus le pétrole qu'il est fourni par le budget de l'État — intarissable comme on sait — et que ceux qui sont préposés au service des robinets de distribution et des écluses sont — fonctionnaires — des soliveaux anonymes et — gouvernants — des passants irresponsables.

XVIII. — Le super-gris-gris.

La plus abjecte des superstitions matérialistes se montre ici dans toute sa niaiserie. L'argent est la panacée. Nul n'en doute.

Des réparations, des pensions, des allocations, des primes, des parts... Des millions, des milliards... Un grand journal a parlé d'exiger 340 milliards de l'Allemagne, ce qui amena aussitôt un ardent polémiste à demander 1.000 milliards (1).

_____

(1) Il n'y a que les journalistes pour ignorer que l'avoir total de l'Allemagne — mobilier et immobilier — était évalué, en 1914, à moins de 400 milliards. Depuis, il y a eu la guerre, qui en a consommé un bon quart, il y a eu des fuites, et qui

Les chiffres, le papier — comme les films ciné-
matographiques — souffrent tout. Que faut-il à
l'orpheline pour châtier le méchant tuteur et combler les vœux du jeune acrobate chevaleresque ?
— Une cinquantaine de milliards. Rien de plus
aisé. Elle les aura au trente-troisième épisode.
Que faut-il à la démocratie pour combler ses
aspirations les plus vives ? — Des rentes. Avec
dix mille milliards, on instaurera définitivement
la « justice sociale » et le reste.

Voilà donc le gris-gris ! — Il y en aura pour tout
le monde ! Égalité ! Justice ! Droit aux jouissances,
droit au bonheur !...

Mais quelles déceptions on prépare, — et quelles
colères ! Quand, malgré ses invocations, le bandit
calabrais n'avait pas rencontré sur son chemin le
voyageur fructueux, il insultait sa chère Madone
et brisait son image...

XIX. — La pernicieuse « justice » sociale.

Voici la paix. Elle sera plus difficile à organiser que la guerre. Craignons que les largesses

---

continuent. Ces sortes d'évaluation. au reste, ne sont qu'indi-
catives de la situation économique d'un pays. Le sol, par
exemple, vaut par et pour les aborigènes qui le cultivent.
En réalité, la plus grande partie des richesses d'une nation ne
saurait être liquidée. Et ce qui peut l'être s'évade aisément,
comme nous le voyons en ce moment. La connaissance
des plus élémentaires notions économiques eussent préservé
les scribouilleurs quotidiens d'élucubrer tant de niaiseries,
— d'autant plus dangereuses qu'elles détournent l'attention
publique des garanties politiques et économiques essentielles
à obtenir.

d'État — si commodes pour les irresponsables
que sont nos dirigeants de passage — ne' ré-
pandent trop les titres de consommation alors
que les produits manqueront, que la disette ali-
mentaire menacera.

Par tous les moyens, il faudrait suggérer
l'épargne, et non pas d'argent ou de luxe, mais
de pain, de viande, d'objets de première nécessité,
de temps; il faudrait engager au travail vraiment
productif, et par le seul stimulant efficace : le'
besoin ressenti personnellement, directement. Or,
en distribuant inconsidérément la manne moné-
taire, comme le promettent à qui mieux mieux
journalistes, politiciens et partisans, on va pousser
à la dépense, cependant que la production sera
paralysée de toutes façons, le capital dispersé et
donc volatilisé. Nous ne verrons plus alors que
des mercantis cherchant à vendre et des affamés
cherchant à acheter ce que personne ne s'avisera
de produire. Nous passons sur les conséquences
anarchiques et démoralisatrices de ces libéralités
faciles : il y aurait trop à dire.

Mais, objectera-t-on, « il est légitime », « il est
équitable »... Oui, comme il serait juste que le
bossu ne le fût pas, que l'aveugle vît clair, que
le malade fût en bonne santé et que tous nous
fussions immortels. Si nos braves soldats ont un
« droit », après d'aussi longues souffrances et
tant d'héroïsme, c'est qu'on ne les berne point,
c'est qu'on ne les étourdisse plus. Ceux qui ont
bravé la mort journellement, durant des mois,
peuvent affronter la froide réalité. Pour eux surtout, pas de démagogie, même pour les meilleurs.

motifs apparents, pas de métaphysique, quintes-
senciée ou triviale, de la Sorbonne, du Palais-
Bourbon ou de la Confédération générale du
travail, — pas de cinéma abrutisseur !...

Or le vrai, que ces vaillants peuvent regarder
en face, c'est que la « justice » ne nourrit pas,
même sous forme d'assignats, c'est que l'effort,
la tempérance, la discipline, l'observation des lois
économiques vont s'imposer plus rigoureusement
encore qu'avant la guerre.

Si l'on pouvait répandre l'abondance et la joie
dans l'Humanité en faisant pleuvoir des ronds de
métal et des bouts de papier multicolores, — qu'ils
soient frappés et imprimés par la Banque de
France ou par l'État prussien, — ça se saurait
depuis longtemps.

En tout cas, au pays des icônes, les bolcheviks
seraient des dieux bienfaisants. Or nous voyons
les ouvriers de Pétrograd passer leurs journées
et leurs soirées désœuvrées au théâtre, les poches
pleines de roubles « expropriés », mais l'estomac
vide. Et cela durera pour eux jusqu'au dernier
grain de blé.

XX. — Ce que l'Allemagne ne restituera pas.

De notre côté, c'est la victoire. Les vaincus
auront à payer. Nous le voulons, certes.

Mais comment ?

Paieraient-ils plus encore, ce ne sera pas en
produits alimentaires, puisqu'ils n'en ont plus

assez pour eux-mêmes et que nous avons commencé par leur en fournir.

En travail ? — Ils ne paieront que très peu. Si criminel qu'il soit, on ne peut réduire en esclavage un peuple de 70 millions d'habitants, de 120 millions en comptant l'Autriche-Hongrie. Il faudrait un soldat auprès de chaque ouvrier, de chaque cultivateur. Et ce ne serait que pour obtenir le mince résultat d'un travail d'esclave ou de forçat. En toute occurrence, la pauvreté reste la loi de l'effort. L'homme ne consent au labeur qu'en proportion de ses besoins et de ses espoirs. Même dans le travail libre, il ne produit qu'un peu plus, quand la richesse reste assez concentrée pour assurer l'épargne sociale, la capitalisation, par l'utile prélèvement d'une plus-value modérée.

En matières premières ? — Les gisements de potasse de l'Alsace, le sous sol de Lorraine ne vaudront que par la main-d'œuvre et les capitaux qui les exploiteront, si l'on a des débouchés, si l'on peut échanger ces produits, non contre de l'or, mais contre des céréales.

Les machines, les usines ? — On se heurtera à des obstacles qu'un système politique qui ne s'étaye que sur les intérêts particuliers sera bien en peine de surmonter. Les filatures et tissages d'Alsace vont faire concurrence à nos manufactures des Vosges et du Nord ; les hauts fourneaux lorrains à nos maîtres de forges ; le charbon du bassin de la Sarre à nos anciennes houillères, etc... Des syndicats d'intérêts se formeront, si ce n'est fait déjà, qui commanditeront des journaux, lanceront des politiciens, inspireront les agitateurs, feront ou déferont les ministères pour que soit tiré le moindre parti de ces richesses concurrentes.

Somme toute, c'est surtout en numéraire que l'Allemagne pourra nous indemniser.

Là est le plus grand péril. Rappelons-nous ce que l'or rapporté d'Amérique fit de l'Espagne. La rançon de 1871 détermina en Allemagne un malaise fébrile alors que la France, dépouillée, se relevait rapidement et prospérait. Depuis 1914, l'afflux d'or dans certains pays neutres n'a pas été sans occasionner un désarroi extrême des relations économiques. Il en fut de même en France avec les flots de monnaie fiduciaire que, pour reporter les difficultés et différer les responsabilités, une administration inepte et un gouvernement au jour le jour lancèrent dans la circulation (allocations, indemnités, salaires surélevés, profits excessifs des fournisseurs de guerre, puis des mercantis, etc...). La cherté des vivres, la gabegie générale en furent les moindres conséquences immédiates. Elles ne laissent point d'être graves. Mais les conséquences profondes le sont bien plus encore. Ce sont, notamment, la dispersion du capital de production, la vulgarisation des goûts dispendieux, la démoralisation de la femme, l'indiscipline, la paresse, la débauche, etc.

Concluons : Ce n'est pas l'argent, ce ne sont pas les marks de la rançon qui remplaceront nos morts, notre meilleure main-d'œuvre décimée, nos usines et machines détruites, nos mines dévas-

tées, notre capital anéanti, l'humus de nos terres
retourné par les obus...

XXI. — La victoire ne dispense pas de l'effort.

Pour qu'elle n'affole pas la nation, il faut que
cette masse énorme de numéraire contribue à
relever la situation économique, à réparer maté-
riellement les pertes matérielles qui sont les plus
réparables, il faut que, par un ferme gouvernement, ce trésor soit affecté uniquement, avec
d'infinies précautions, avec prévoyance, avec
intelligence, à des travaux publics, à des défriche-
ments, à des reboisements, à perfectionner de
toutes manières l'outillage économique. C'est par
la prospérité générale que le bien-être de chacun
peut être obtenu.

Malheureusement, le pseudo-gouvernement électif et parlementaire ne peut résister aux quéman-
deries, aux sollicitations, aux injonctions d'une
démagogie surexcitant toutes les convoitises indi-
viduelles qui ruinent l'ensemble.

Certes, la France serait plus sûrement riche
d'avoir quinze millions de cultivateurs, faisant
lever sur son sol fertile la nourriture saine de
cinquante millions de citoyens revenus au bon
sens, ramenés à l'ordre, que de détenir tout l'or
du monde (50 milliards de francs).

Ceux qui n'ont pas à flagorner le populaire dans
ses ignorances et ses bas instincts peuvent et

doivent le dire : Après ce cataclysme, la vie va
être dure, pour tous. Même pour les soldats de la
victoire. Car le travail exige les mêmes hommes
que la guerre : jeunes, valides, ardents. Nous n'y
pouvons rien. La plus sévère discipline du travail va s'imposer. Et non pour l'argent, mais
pour le pain quotidien.

XXII. — Du jacobinisme au bolchevisme.

D'après son invincible propension à prendre
toujours le moyen pour la fin, l'idéologie matérialiste considère bien plus les avantages du fonc-
tionnaire que l'exercice même de la fonction ; elle
prend le vote factice pour la volonté profonde ;
elle préfère le fictif gouvernement par le peuple
au gouvernement pour le peuple.

Tout a été confondu ainsi. De ce que, pour la
commodité, certaines règles résultant des rapports
sociaux avaient pu être fixées par écrit (1), on
crut qu'il suffisait d'écrire pour légiférer, de
légiférer pour réaliser et, finalement, de con-
traindre pour forcer la nature des choses. La
légifération à outrance, c'est le jacobinisme, et le
jacobinisme ne va pas sans la Terreur, insidieuse
ou brutale.

Mais si l'on peut guillotiner et fusiller des

---

(1) Encore J. B. V. Coquille fait-il observer que le droit
coutumier ne fut pas fixé par les légistes sans être falsifié.
Traduttore, traditore.

hommes, on ne supprime pas les lois naturelles.
Tous riches, c'est tous affamés ; tous chefs, c'est
tous esclaves.

XXIII. — La légiféromanie.

De même que la Déclaration des droits de
l'homme en est le formulaire théorique, notre
Code civil et tout le mécanisme administratif et
politique qu'il actionne sont l'application de cette
erreur capitale.

Actuellement, les plus clairvoyants parmi les
meilleurs citoyens essayent de réagir. Hélas ! ils
ne vont pas à la source putride, ils n'osent ren-
verser les idoles. C'est en faisant toutes les génu-
flexions propitiatoires à la « souveraineté du
peuple » qu'ils sollicitent une timide revision de
la Constitution. Blanchir le sépulcre n'est pas
ressusciter le bon sens salvateur.

C'est par des mesures législatives qu'on veut
atténuer le mal qu'a fait la législation. Après que
le Code civil a pulvérisé, éparpillé, on veut recom-
poser par la loi sur les biens de famille ou ras-
sembler par la loi sur le remembrement. Toutes
ces prétendues réformes consistent en définitive
à aggraver la cause du mal pour pallier les effets.
C'est pourquoi le mal gagne d'autant plus vite
qu'il y a plus de « réformateurs ».

Ce sont nos prénotions qu'il faut extirper, ce
sont nos idées fondamentales qu'il faut reviser.
C'est tout le social qu'il faut réformer, non pas

d'un coup, certes, mais graduellement et d'ensemble. Car, ici, tout se tient. Quand elles ne sont pas pernicieuses, étant presque toujours législatives, de contrainte brutale, les solutions partielles restent vaines.

XXIV. — Le nombre.

Si la nature était soumise à l'absurde loi du nombre, c'est aux besoins et à l'existence des trillions de trillions d'infusoires que le minime milliard et demi de représentants vivants de l'Humanité devraient se subordonner.

La « souveraineté du peuple » serait la plus nocive aberration que l'homme ait conçue si ce n'était, en fait, le plus impudent mensonge que d'audacieux thaumaturges aient osé.

Il n'est pas un homme quelque peu averti et raisonnable qui, dans son for intérieur, n'en juge de même. Le plus vulgaire bon sens fait écrire à un littérateur comme Alphonse Karr : « La nature ne produit par siècle qu'un petit nombre d'hommes supérieurs et d'hommes de bon sens ; et la Providence les distribue entre les différents pays, de sorte qu'ainsi éparpillés ils n'ont aucune chance d'être en majorité nulle part, heureux quand ils ne sont ni exilés, ni emprisonnés et ne boivent pas la ciguë ; si bien qu'au lieu de prendre les décisions à la majorité des voix, il y aurait avantage à adopter le parti qui en recueillerait le moins ; peut-être même vaudrait-il mieux souvent donner la préférence à l'opinion qui n'en obtiendrait aucune. »

Qu'on examine objectivement, sous tous ses aspects et dans toutes ses conséquences, le dogme burlesque du nombre, et l'on ne trouvera rien qui le puisse justifier en raison et en fait. C'est, à la fois, le plus foncièrement stupide, le plus vil, le plus régressif et le plus dissolvant des préjugés révolutionnaires.

Si la plupart des Français paraissent s'y tenir encore, c'est qu'ils supposent à tort que le courant populaire d'une telle insanité ne saurait être endigué. S'il en était ainsi vraiment, tous nos efforts seraient bien inutiles, et ceux qui, comme nous, ne pourraient plus se faire d'illusions n'auraient désormais qu'à choisir leurs places pour assister au tragique suicide de l'Humanité. Les convulsions du bolchevisme en sont le prodrome. Elles marquent assez que le spectacle ne laissera pas d'être émouvant.

Mais nous voulons espérer encore que la société française et la civilisation sauront se préserver de la contamination de la peste rouge en appliquant énergiquement la prophylaxie positive.

Si nous sauvegardons l'avenir, nos descendants pourront citer cet exemple de psychose collective qu'est le suffrage universel pour montrer à quels égarements se peuvent laisser entraîner les peuples qui ne sont pas réglés et guidés par une doctrine générale, synthétique, sympathique et synergique.

XXV. — Du « droit » de gouverner.

Avec le nombre, qui est l'instinct violent et l'ignorance, ce n'est plus le savoir et l'intelligence qui guident. La société est décérébrée.

On en vient ainsi à considérer le gouvernement, non plus comme une fonction indispensable à toute société, mais comme un « droit » pour tous. Là encore, le moyen est pris pour la fin.

De même que pour la propriété, ici, chaque électeur, dissocié, ne voit plus que les avantages personnels du commandement. Le sens social du continu, du solidaire achève de s'oblitérer tout à fait.

Alors que la métaphysique politique anthropomorphise de pures entités sans contenu réel, elle fait considérer comme des abstractions négligeables les seules grandes réalités sociales que sont les êtres collectifs : famille, cité, société, Humanité.

Il n'y a donc plus que le Moi d'un jour. Et tout est « droit » pour l'impulsion égoïste que rien ne contient plus, que tout exalte.

Mais le « droit » n'est jamais, en définitive, que pour la force, et la plus brute, — sinon pour la ruse la plus retorse. L'anarchie aboutit à la tyrannie.

XXVI. — La confusion des fonctions.

Gouverner par tous, c'est gouverner contre tous, puisque c'est abandonner la direction à l'ignorance qui divise et aux passsions, aux intérêts personnels qui opposent.

La république possible, ce serait gouverner pour tous. Elle est donc, essentiellement dictatoriale, — une monocratie.

« Si chacun balayait devant sa porte, la rue serait propre », rabâchent volontiers les moralistes à courte vue, pour nous faire entendre que la bonne volonté suffit. Eh bien, non ! La rue serait d'autant plus sale que chacun croirait avoir fait ce qu'il faut en déplaçant les ordures, renvoyées de l'un à l'autre (1). Si les habitants du quartier parvenaient à s'entendre pour pousser les tas de détritus dans le même sens, aux mêmes heures, — ce qui ne peut réussir que pour une besogne aussi simple, il y aurait, à tout le moins, pour chacun d'eux, un dérangement, un souci, une perte de temps nullement en rapport avec l'humble office que peut accomplir mieux un balayeur public.

Le progrès consiste dans la spécialisation des fonctions. On ne perfectionne le concours dont il

---

(1) C'est le vain labeur auquel se livrent tant de braves gens, tout pénétrés de l'importance de leur balai, tant de publications aussi bien pavées que l'enfer et tant de ligues pompeuses, sinon pompières.

résulte qu'en développant les différences qu'il sus-
cite. L'égalité, c'est le chaos impuissant, qui
commence par rompre toute solidarité. Imposez-
la dans la famille, par exemple, vous dispersez
celle-ci. Il en est de même dans l'État.

Le gouvernement est une fonction ; l'administration des biens sociaux en est une autre. Ce sont
des organes adaptés, entraînés qui les peuvent
remplir le mieux. C'est donc à l'homme d'État et
au riche qu'elles reviennent.

Suivant le conseil de Comte, « à l'orageuse dis-
cussion des droits », il nous faut substituer doré-
navant « la paisible détermination des devoirs »
et remplacer « les vains débats sur la possession
du pouvoir par l'examen des règles relatives à son
sage exercice ». Ainsi, contrairement aux divagations métaphysiques, au matérialisme d'application qui en découle, l'esprit positif subordonne
toujours le moyen au but. Or, le savoir, la
richesse, le gouvernement ne sont pas un but,
mais des moyens.

XXVII. — De la transmission des fonctions.

Depuis l'abolition des castes, c'est toujours le
mode d'attribution ou de transfert des pouvoirs
qui a attisé les discordes civiles.

Avec son relativisme essentiel, le positivisme
recommande sagement la plus calme et la plus
rationnelle transmission, non seulement du pou-

voir politique dominant, mais encore de toutes les forces sociales quelconques. C'est l'hérédité socio-cratique. Soit : la désignation de son successeur par le détenteur de toute puissance sociale de conseil, de gestion ou de commandement, ce choix étant régularisé par la coutume et les institutions, contrôlé et consacré par l'opinion publique.

Le savoir et l'intelligence sont une fonction d'enseignement, d'exhortation, d'admonestation ; la richesse est une fonction d'épargne, d'administration ; le gouvernement, une fonction de direction temporelle. « Toute véritable force sociale, dit Comte, résulte d'un concours plus ou moins étendu, résumé par un organe individuel. » Si donc, « l'organisme social est collectif dans sa nature, il est individuel dans ses fonctions ».

Nos socialistes prennent exactement le contre-pied de cette vérité primordiale de la plus haute socialité. Mais il faut reconnaître qu'ils y ont été précédés en politique.

Le parlementarisme électif mène logiquement au collectivisme. Il n'est pas moins antiphysique.

Si l'électeur peut participer au gouvernement, pourquoi ne serait-il pas admis à la gestion de la richesse sociale ?

En fait, les soi-disant socialistes sont les pires individualistes comme ils sont, au surplus, les plus rétrogrades des rétrogrades révolutionnaires en s'acharnant plus encore à ruiner la vénération, « base de la discipline humaine » et à surexciter l'orgueil, « principale source » de tous nos désordres.

Même le syndicalisme, trop influencé par les superstitions matérialistes, en est dévoyé.

Certes, les associations sont bien la vie de la démocratie ; mais encore faut-il qu'elles n'empiètent point et qu'elles coopèrent. Or, si elles ne sont pas réglées et coordonnées par une direction supérieure, ces forces ne peuvent que s'agiter, s'entre-détruire, exploser. L'ordre — et d'abord spirituel — leur est indispensable, et en proportion même de leur puissance. Il n'y a que le néant qui se puisse passer d'ordonnance.

XXVIII. — Corporatisme et syndicalisme.

C'est, d'ailleurs, tout ce qui distingue essentiellement l'ancienne corporation du syndicat actuel.

Au moyen âge, l'artisan n'avait en vue que le but, l'œuvre qu'il entreprenait fervemment, qu'il parachevait avec amour. Ce n'est pas la faim, le lucre qui le pressaient. La surveillance, le contrôle étaient inutiles. Lié par l'honneur du métier, il ne suivait que sa volonté profonde, il était fier et libre. Son « chef-d'œuvre », Dieu le voyait. Et c'est ainsi que s'érigeaient les cathédrales dans la joie de magnifier ce qui perpétue l'être.

Notre prolétaire «conscient», aigri, malheureux, n'est obsédé que par le moyen, le salaire. Pour lui, cet argent seul importe. Et il camelote, il sabote avec rage, tristement, contraint comme un ilote, pour un gain fictif, décevant, qu'il gaspillera bêtement.

La corporation était bien un organe social remplissant sa fonction ; le syndicat n'est encore qu'un groupement grégaire de besoins, d'envie et parfois de haine. Il attire tous les mauvais bergers.

Surélever les salaires n'a pour effet que d'abaisser en proportion le pouvoir d'achat de la monnaie. Et cela ne saurait améliorer le bien-être réel, puisque la production ainsi est réduite en quantité et en qualité, puisque le crédit est troublé, puisque le capital inquiet se réserve ou s'évade, et donc puisque l'intérêt et le profit sont accrus. En définitive, le rendement général étant moindre, les frais généraux grossis, le coulage aggravé, comment la répartition pourrait-elle être plus large ?

Si le syndicalisme n'est pas ramené à sa fonction propre qui est d'organiser le métier, à la convergence nécessaire par un pouvoir central régulateur et un pouvoir moral éducateur, il restera l'instrument redoutable des fomentateurs et profiteurs d'émeutes.

C'est ainsi que, dans ces derniers temps, les bas démagogues qui exploitent le syndicalisme ont prétendu le faire intervenir dans la conduite de la guerre comme ils vont lui faire trancher les plus épineuses questions diplomatiques.

XXIX. — La compétence sociologique.

Ce n'est là, au reste, qu'une des manifesta-
tions de l'infatuation révolutionnaire qui fait
admettre communément que seuls se peuvent
passer d'apprentissage le plus difficile des arts,
la politique, et de compétence la plus ardue des
sciences, la sociologie.

On n'aborde point les sciences sans avoir étudié
d'abord les lois qui régissent les phénomènes
propres à chacune de leurs circonscriptions et
sans se soumettre à leurs méthodes respectives.
Pourquoi n'en est-il pas de même en sociologie,
où la compétence, la faculté de généralisation.
l'envergure d'esprit s'imposent d'autant plus que
cette discipline est au sommet de la hiérarchie
du savoir et que sa méthode embrasse toutes les
méthodes des connaissances humaines en partant
de la plus simple à la plus complexe ?

C'est qu'en physique, en biologie, par exemple,
si une vérité nouvelle se peut buter à des habi-
tudes d'esprit vite rectifiées et à des vanités qui
parviennent à se contenir, en sociologie, il y a
plus : les partis pris, les fanatismes, les préjugés
de classe, tous les sentiments égotistes les plus
impérieux, la routine paresseuse, les intérêts
immédiats, etc. Grosse armée, toujours munie
d'une formidable artillerie d'illusions et de
sophismes !

Le bon sens, qui ne dispose que des raisons

positives, qui invoque l'intérêt général continu,
est donc battu fatalement tant que les cruelles
leçons de l'expérience ne viennent pas l'appuyer.

L'Humanité n'avance que portée sur un fleuve
de larmes et de sang.

XXX. — L'anarchie universelle.

Les habituelles divagations de l'intelligence
ont fini par dépraver les sentiments, et il en est
résulté dans la conscience sociale une pertur-
bation que Comte pouvait dénommer déjà la
« démence occidentale ».

Pour ce qui concerne ses affaires privées, dans
tout ce qui reste en dehors du département de
la phychose collective, chacun raisonne, sent et
agit sainement. Le plus sot utopiste gère ses
biens avec prudence, il veille à leur concentration
et ne songe nullement à les mieux répartir entre
les siens, il respecte pratiquement les compé-
tences, à tout le moins dans son métier, et les
situations acquises, à tout le moins la sienne; il
reconnaît implicitement, par sa conduite habi-
tuelle, que toute entreprise exigeant une collabo-
ration doit être dirigée par une tête; il n'instaure
pas le parlementarisme dans son ménage; —
bref, il marche avec ses pieds, œuvre avec ses
mains et pense avec son cerveau.

Mais, dès qu'il s'agit des affaires publiques,
toute sa raison chavire. Dès lors, rien n'est stable.
Tout le monde social lui apparaît comme une fan-
tasmagorie de ses désirs ou de ses répulsions. Il

n'est que de les faire prédominer, — par l'argent,
le bulletin de vote ou la bombe.

Malheureusement, les lois qui régissent les
sociétés n'en sont pas moins rigoureuses. L'aliéné
a beau être persuadé et proclamer que le feu est
de la glace, s'il y touche il se brûlera.

L'anarchie universelle dont la guerre a décelé
l'ampleur et la profondeur est surtout mentale.
Nous sommes bien, comme le définissait Comte,
en présence d'« une aliénation chronique essentiellement intellectuelle, mais habituellement com-
pliquée de réactions morales, et souvent accompagnées d'agitations matérielles ».

XXXI. — Le délire collectif.

Le caractère vésanique de l'idéologie métaphysique, matérialiste et révolutionnaire s'affirme
nettement en ceci qu'aucun raisonnement et
même l'expérience ne peuvent modifier le pro-
cessus du délire.

Après la Terreur, le jacobinisme a pu se développer. Après le désastreux pacifisme d'avant
1870, on eut celui d'avant 1914. Les piteux
échecs de tous les phalanstères, de la Boulangerie
socialiste, de la Mine aux mineurs, de la Verre-
rie ouvrière, l'effroyable orgie sanglante du
soviétisme et du communisme « scientifique » en
Russie n'ont pas détourné un socialiste de ses
chimères. A Paris, au vingtième siècle, il se
publie des journaux qui se vouent à l'apologie
de l'eldorado bolchevik de brigandages, d'assas-

sinats et de famine. Et ils ont des lecteurs qui circulent librement dans les rues !

Remarquons que, si toutes les aberrations s'exaltent chez les socialistes, très peu de Français en sont indemnes. On retrouve le virus de l'idéologie délétère et des superstitions matérialistes, plus ou moins atténué, tout aussi dangereux, chez le « réaliste » qui veut nous américaniser comme chez le patriote qui se propose de faire de tous les combattants des rentiers, chez le conservateur astucieux qui prépare de « bonnes élections » comme chez l'ingénieux réformateur qui décrète la liberté, la prospérité, la vertu et le bonheur...

XXXII. — Guérir ou périr.

Tout mal social est désordre ; et tout désordre est d'abord intellectuel.

A la racine, il y a toujours une idée fausse. Taillez, émondez, arrosez : la racine n'en est que plus vivace. Vous lui donnez plus de sève pour faire mieux s'épanouir la fleur vénéneuse qui épandra son pollen trop fécond.

C'est tout notre réformisme de détails, empirique.

On ne rectifie pas une crise maniaque, on n'améliore pas le typhus. Il faut guérir, faire ce qu'il faut pour guérir, ou se résigner à la démence et à la mort.

Seuls, l'ignorance et l'égoïsme sont spontanés. Exposer à tous, c'est diviser ; proposer à la multitude, c'est opposer. Nous avons d'abord à imposer pour diriger; ensuite, à enseigner pour éclairer et guider.

Les principes positifs de la régénération se démontreront surtout par l'application. Malheureusement, l'élite clairvoyante et dévouée qui peut seule s'y employer n'est pas encore formée.

C'est dire que nous ne disposons pas des moyens puissants qui sont indispensables pour entreprendre une action efficace de direction et d'organisation ; une action indépendante du succès public, de l'argent et des partis ; une action qui pourrait s'exercer en dehors et même à l'encontre des passions, des sectarismes, des intérêts particuliers, lesquels, dans notre chaos, seuls restent organisés et forts ; une action enfin qui, en suppléant à ses fonctions vitales, s'efforcerait de reconstituer l'organe temporel et spirituel de l'intérêt général, national et humain, dont l'absence prolongée ne laisse pas d'être un terrible danger pour la civilisation.

Il nous faut donc nous borner, provisoirement du moins, à rappeler les principes vivifiants de cette action organique, à préciser son but. C'est ce que se proposent les publications du *Groupe Auguste Comte*. Ainsi, on n'y trouvera pas un manifeste de parti, ni un programme électoral, ni un cahier de revendications, ni un projet de constitution, ni aucune panacée qui dispense de la réflexion, de l'effort et du dévouement, ni d'onctueuses parénèses, ni quelque merveilleuse eschatologie sociale ; mais seulement l'exposé très succinct des erreurs dont la France meurt et des vérités éternelles dont elle peut revivre.

Indépendants, c'est-à-dire dégagés de toute ambition personnelle d'argent, de places, de titres ou de glorioles, affranchis de tout sectarisme de chapelle, de parti ou de classe, quelques patriotes français ont formé le Groupe Auguste Comte. Observateurs attentifs des faits sociaux, d'après la méthode rigoureuse, définitive, de l'immortel fondateur de la sociologie, ils présument qu'après cette terrible épreuve, à la cinquième et dernière année de la plus effroyable conflagration que l'histoire ait eu à relater, la voix du bon sens salvateur peut être entendue.

Dans une série d'opuscules dont il sera fait la plus grande diffusion possible, les questions essentielles de cette heure angoissante seront traitées positivement, et donc avec un entier désintéressement, à seule fin de reconstitution.

Le Groupe Auguste Comte ne se propose ainsi que d'indiquer les grandes lignes de direction : pour une réfection de l'ordre social, sans lequel tout progrès est illusoire ; pour instaurer les bases de l'unité morale de l'Humanité, sans laquelle tout espoir de paix durable est chimérique.

Imp. André Tournon, 257, rue Saint-Honoré. — Paris.

Les publications du *Groupe Auguste Comte* seront envoyées gratuitement aux hôpitaux et œuvres militaires, aux bibliothèques des bourses du travail, des syndicats, des coopératives, des universités populaires, etc.; enfin, aux soldats du front qui nous les demanderont directement.

On s'associera à notre effort en s'abonnant ou en aidant à la diffusion de nos brochures.

Le prix d'abonnement à la série de six brochures, dont chacune n'aura pas moins de 40 pages, est fixé à 4 francs.

Nous enverrons dix exemplaires pour 5 francs; vingt-cinq pour 10 francs; cinquante pour 20 francs; cent pour 35 francs; mille pour 300 francs.

A paraître en mars :

IV. — L'Idéologie salutaire
par GEORGES DEHERME.

Penser pour agir, premier volume de la série « les Idées directrices », devant paraître le mois prochain chez l'éditeur Bernard Grasset, notre quatrième opuscule ne sera distribué qu'en mars.

Ont paru :

I. — La France militante
II. — La Culture sociale de la race
par GEORGES DEHERME

(En vente chez les principaux libraires et dans les gares. Envoi franco, chaque brochure : o fr. 75).

DU MÊME AUTEUR

L'Afrique occidentale française. Action politique. — Action économique. — Action sociale. (Ouvrage couronné par l'Académie française et par la Société antiesclavagiste de France). — Un vol. in-8, 528 pages, 1908. (Bloud, éditeur). . . . . 6 fr.

La Démocratie vivante. — Un vol. in-8, 402 pages, 1909. . . . . *épuisé.*

Auguste Comte et son œuvre : le Positivisme. Un vol. in-16, 128 pages, avec deux portraits hors texte, 1909. (Groupe Auguste Comte). . . . . 2 fr. 50

La Crise sociale. Un vol. in-16, 380 pages, 1910, 3ᵉ édition. (Bloud, éditeur). . . . . 4 fr. 50

Croître ou disparaître. La loi de Maltus. — La surpopulation. — Le néo-malthusisme. La dépopulation française. — Ses facteurs. — Les expédients. — La solution positive. 1 vol. in-16, 270 pages, 1910. (Perrin, éd.) 4 fr. 50

Les Classes moyennes. Étude sur le parasitisme social. Un vol. in-16, 320 pages, 1912. (Perrin, éd.). . . 4 fr. 50

Le Pouvoir social des femmes. Un vol. in-16, 280 pages, 1914. (Perrin, éd.). . . . . 4 fr. 50

PARAITRA PROCHAINEMENT

Penser pour agir. Un vol. in-16, 328 pages (Grasset, éd.).
4 fr. 50

IMPRIMERIE A. TOURNON, 257, RUE SAINT-HONORÉ, PARIS.

www.ingramcontent.com/pod-product-compliance
Lightning Source LLC
LaVergne TN
LVHW022206080426
835511LV00008B/1597